思いやり

compassion

サンマーク出版

© Eiichiro Sakata

できるだけ他者を助けなさい。
もしそれができないならば、
あなたが他者を
害することのないように。

ダライ・ラマ

目次

思いやりと人間関係

私は自分のことを一人の人間だと思っています。
この地球上に生きている
六十億余りの人間のなかの一人なのだ、
という認識をもっているのです。

そして、一人の人間の未来は、この世界の六十億の人たちすべてに関連しています。つまり**私たち一人ひとりの人間の未来は、この地球上に生きているすべての人たちの人間性に依存している**のです。ですから私たち一人ひとりが、人間性というものについて真摯《しんし》な態度で取り組まなければなりません。人間性こそ、私たちの将来を左右するものとなっているからです。

普通、私たちの心のなかでは、「自分」という存在は何よりも大切なものとなっていますね。このような自分を他の何よりも大切にする思いによって、私たちは自分のことだけを考えて、まわりの人たちのことなどあまり気にしていないことが多いのですが、じつはこれが大きな間違いなのです。

もちろん自分のことは大切にしなければなりませんが、私たちはこの広い世界のなかで生きているのですから、自分一人のことだけを見るのではなく、自分も含めた世界全体のことも考えるというのは、本当に重要なことなのです。

私たちがもっている能力

一般的に見れば、私たちの人生には、じつにさまざまな問題が起きてきます。この人生を何の苦しみも問題もなく過ごしている人など一人もおらず、人生にはもともと苦がつきものだと言えるのではないでしょうか。しかしそれと同時に、**私たち人間には、それらの問題を解決していく能力ももともと備わっているる**と思うのです。

たとえば私たち人間には、ポジティブな面もあると同時に、ネガティブな面もありますね。私たちのもっている感情について考えてみると、怒り、嫉妬《しっと》などは破壊的な力をもつ感情ですが、こういったネガティブな感情とともに、それらを鎮める対策となるような愛、忍耐などのポジティブな感情も、もともと私たちの心には同時に備わっているのです。

また、植物を例にとって考えてみると、この自然界には、毒のある植物もあれば、薬になる植物もありますね。このように、どのようなものであれ、自然界にはもともとポジティブなものとネガティブなもの、つまり建設的なものと破壊的なものが常にいっしょに共存しているのです。

そこで私たちは、外の世界から人間にとって役に立つものだけを取り入れ、その逆に、私たちにとって害となるものはできるだけ減らし、なくすような努力をしています。そしてときには、破壊的な力をもつものを建設的な力に変換することもできるのです。

さらに、内なる世界の現象、とくに私たち人間のもっている感情にも、ポジティブなものとネガティブなものがあります。この二つをはっきりと分別し、認識して、建設的な力をもつポジティブな感情のみを取り入れてますますそれを高め、その反対に、ネガティブな感情は破壊的な力をもつものであることを認識したうえで、それらをできるだけ少なくしていくように努力をすることが大切です。

人間にとって愛とは何か？

この世の中にはさまざまな問題が起きてきますが、そのなかには私たち人間が作り出している問題もあります。そして、生老病死などの苦しみは、この世に生を受けたものが必ず体験しなければならないものであり、これらは自然に生じてくる避けられない類の苦しみとなっています。

この二種類の苦しみのうち、私たち人間が作り出している苦しみや問題は、私たちの心をよりよいものに変えていくことによって軽減していくことができます。そして生老病死の苦しみなど、命あるすべてのものに起きてくる避けられない類の苦しみも、私たちのものの考え方をよりよく変えていくことによって、それらの苦しみを何かよき条件として使うことも可能なのです。

人間には、もともと備わっている
よき資質があります。
愛と慈悲の心がそうです。
他者を大切にいつくしみ、
やさしく思いやる気持ちのことです。

人間だけでなく、他の多くの動物たちも、愛情に頼って生き延びていますね。たとえば、ほとんどの鳥類や胎生の動物たちは、母親の愛情に守られることによってはじめて生きていくことができます。人間もまた、母親の愛情に守られて成長していく生き物の一つです。ですから愛情は、私たち人間が生まれながらにしてもっているよき資質であるとともに、愛は人間にとって何よりも重要なものとなっており、私たちの人生において大変大きな役割を果たしているのです。

人としてのこまやかな愛情をもっていれば、他の人たちに対する尊敬の気持ちが芽生え、他の人たちに迷惑をかけないようにしようとする気持ちが自然に生じてくるので、愛情はとても役に立つ資質なのです。ですから、私たち人間が作り出しているさまざまな苦しみや問題をなくすためのいちばん強力な原動力となるのは、人間のもっているこまやかな愛情に他なりません。

一方、生老病死などの避けられない苦しみは、自然に起きてくるものなので、

それを減すること はできませんが、この種の苦しみが生じたときには、私たち人間のもっている知性を働かせることによって、それらの苦しみを、幸せを得るための条件として使うこともできるのです。

もし人間以外の他の動物であれば、この種の苦しみが生じたとき、その苦しみのことだけしか考えることができず、その苦しみが自分にとって何か役に立つ条件となりうるものなのかどうか、といったことを考えることはできません。ところが私たち人間には、ものを考えるという素晴らしい知性が備わっているので、知性を働かせることによって、取り除くことのできない種類の苦しみも、より幸せになるための条件として上手に使うこともできるのです。

私は人間のもっている知性と、他者へのやさしさと思いやりこそ、最も大切な人間の価値だと思っています。

そこで私は、どこに行っても、まず最初に人間価値の促進についてお話をするようにしています。私たち人間に本来備わっているよき資質が、いかに価値のある素晴らしいものなのか、そしてそれらをますます高めていくことこそ、何よりも重要なことなのだということをできるだけ多くの人たちに理解していただくために、私は人間価値の促進に努力しているのです。

私が「人間価値」と言うとき、それは意図的に作り出した後天的な性格のことではなく、もともと私たち人間の心に備わっていて、自分と他者のために役に立つよき資質のことを意味しています。そして、私がこの人間価値を特別にもっているということではなく、私たち人間はみな同じように人間としてのよき資質をもっているのであり、それらを高めていく可能性をもっているという点に関しても、私たちはみなまったく同じなのです。

私自身の経験から言うと、人間価値というポジティブな面は、この人生においてどんなときでも常に役立つものなので、大変貴重なものであり、それを促進していくことこそ私たち人間の務めであるということを、兄弟姉妹のみなさんにいつもお話しししているのです。

相手を理解するために

そして私のもう一つの役割は、宗教間の相互理解を図ることです。

この世に存在している宗教はすべて、私たち人間に役立つものとなっています。私たちが困難や問題に直面し、絶望して何の手段も講じることができなくなったとき、宗教は私たちが生きていく希望を求め、救いの道を見つけ出すことのできる拠《よ》り所となってくれるのです。ですからすべての宗教は、私たち人間にとって大変重要なものとなっています。

しかし一方では、この世にはさまざまな宗教が存在しているため、それぞれの考え方の違いから、意見が対立したり、ときには争ったりするようなことが起きてしまっています。過去の歴史のなかにもそういうことはありましたし、今でも宗教間の争いは起こりつづけているのです。

このように、すべての宗教は私たち人間にとって大変役に立つものであると同時に、それが問題の源となってもいるわけですから、私たちに役立つ部分は取り入れて、問題を起こすもととなっている部分をなくしていくように努力していかなければなりません。

　宗教が問題を起こす源となっているのは、さまざまな宗教がお互いの友好関係をもたず、距離感を保っていて、互いの宗教のありようを知らずにいるからなのです。ですから、宗教間の相互理解を図るということは大変重要なことであり、その目的のために常に私は努力しています。

　さらに、いろいろな国を訪問するとき、私自身は仏教徒ですが、他のさまざまな宗教もそれぞれ多くの人たちのために役に立っているのですから、すべての宗教に対して尊敬の念をもち、賞賛の気持ちを表すように心がけています。ユダヤ教やキリスト教などの各国にある聖地にも、巡礼の一環として訪れていますし、日本を訪問するときも、日本の伝統的な精神文化の象徴である神道の神社を訪れて敬意を表し、祈願をしています。

感情と思いやりについて

愛という他者に対する思いやりは、ほとんどすべての生き物にとって非常に重要な要素となっています。愛がなければ生きていくことはできません。そして、よりよい人間関係を築いていくためにも、愛をもって人間価値を促進していくことがいちばん大切なことなのです。

人間は社会生活を営んで生きていく生き物ですから、そのような人間の本来的なありようから考えても、他者との人間関係をもつことによって私たちは生きていくことができるのです。ですから社会のなかの一員として、他者との親密な人間関係を築くことは、私たちにとって、とても大切で欠かせないものとなっています。

それでは、愛と慈悲の心とは、
いったいどういう心なのでしょうか？
そしてこれと似た感情に執着がありますが、
執着とはどういう心なのでしょうか？

愛と執着という二つの感情は、他者に対する親密な感情をもっているという点で、とても似た性質をもっていますね。そしてもちろん、親密な感情に加えて、相手に対する関心と思いやりも存在しています。それではこの二つの感情の違いは何なのでしょうか？

本当の意味での愛と慈悲は、偏見のない心です。しかし、執着は偏った見方をする心なのです。さらに、愛と慈悲の心は智慧《ちえ》と密接に結びついていますが、執着は煩悩に、究極的には無明《むみよう》に結びついているのです。

ほとんどの宗教は、愛と慈悲がいかに大切であるかを説いていますね。そこで説かれているのは本物の愛と慈悲のことですから、その教えには忍耐の心を養うこともともに説かれています。

しかし、執着は偏見に基づいた心なので、ある特定の人にだけ執着をするわけですから、その他の人たちに対しては距離を置いていることになります。そこで、執着と怒りとは同時に起こってくるのです。なぜならば、これらの感情は偏見に基づいているため、自分の好きな人に対しては執着心を起こし、嫌いな人に対しては嫌悪の心を起こすからです。偏見に基づいた心は、実際のありようをゆがめて見てしまいます。

本当の意味での愛と慈悲は、決して怒りの心とともに起きてくることはありません。本物の愛と慈悲は、現実を広い目で巨視的に見ているため、偏見をもつことはなく、怒りの心が生じる余地もありません。

また、相手に対する親密な感情に基づいて生じる執着の心は、相手の人の態度に依存しています。相手が自分に対して友好的な態度を示し、その人がとても素敵な人に見えるとき、私たちの心には執着の心が芽生えてくるのです。

ところが愛と慈悲の心は、相手が自分に対してどんな態度をとるかによって変わることはありません。相手も自分と同様に幸せを望み、苦しみをなくしたいと望んでおり、それらの望みをかなえる権利をもっているという点においても、自分とまったく変わりはないのだという理解に基づいて、相手のことをやさしく思いやる心が愛と慈悲なのです。ですから相手が敵であっても、友人であっても、愛と慈悲の心は決して分け隔てをすることはありません。

敵も友人も、どちらも苦しみや痛みを望まぬ命ある存在であるという意味で、自分と何一つ変わりない同じ一人の人間なのですから、彼らもみな苦しみを乗り越え、幸せになる権利をもっているのだということを考えることによって、すべての人たちに対する親密な感情を育て、思いやりを育むことこそ、本物の愛と慈悲の心なのです。

思いやりを育てる

簡単な例をあげると、私たちが幼い子供だった頃は、自分の遊び友だちに対して、その子供がどういう家庭環境にあるのか、裕福なのか貧しいのか、教育を受けているのかいないのかなど、そういったことをまったく考慮に入れることなく、単なる遊び友だちとして相手を見て、「僕たち」「私たち」という同朋《どうぼう》意識をもっていましたね。このような感覚が偏見のない認識だと言っていいのではないかと思います。

しかし、少し成長してくると、自分にとって相手がどんな利害を与えてくるかをまず考えて、もし相手から何か得るものがあるときは親しくして友人になり、何も得るものがなければ近づかない、というような行動をするようになってきます。こうして次第に私たちの心には、自己中心的な考え方が芽生えてくるのです。

それでは、どのようにして他者に対する愛と慈悲を育てていけばよいのでしょうか？　祈ることによってでしょうか？　マントラを唱えることによってでしょうか？　それとも瞑想《めいそう》によってでしょうか？

他者へのやさしさと思いやりを育てるためには、こういったことは必ずしも必要ではありません。

私たち人間に備わっているよき資質は、
もともと誰の心にも
存在しているものだと私は思います。

なぜならば、愛と慈悲、思いやりなどのよき心は、私たち人間にとって必要不可欠なものだからです。私たちが生きていくためには、やさしさと思いやりは欠かすことのできない大切な要素となっているため、これらのよき資質をますます高め、大きく育てていく必要があるのです。

もし、人間が愛情なしに生きていくことができる生き物なら、愛を育てる必要はありません。しかし、**人間は他の人の愛を必要とするようにもともと生まれついている**のです。

たとえば植物は、成長してきれいな花を咲かせるために、水や適度な温度を必要としています。植物はもともとそういったものを必要とするようにできているのです。

私たち人間や命あるすべての生き物たちは、肉体的なレベルにおいて、これらの植物と大変よく似ていると思います。成長し、生きていくためには、それに適切な環境が必要なのです。

とくに私たち人間は、対象物を知るという認識力をもっており、それに関連してさまざまな感情が起きてきます。そしてそれらの感情のなかで、私たちの心をいちばん快適で幸せな状態にしてくれるのが愛なのです。

愛は私たちの心を潤し、安心感や満足感を与え、恐怖を取り除いて心の平和と幸福感を高めてくれます。より深い愛情に包まれていればいるほど、私たちはより幸せになれるのです。このように、私たち人間は何よりも愛情を必要とする生き物なので、愛は私たちにとって大変重要なものとなっているのです。

愛に包まれたなら

愛は、私たちがお母さんのおなかのなかにいたときから、私たちにとってとても大切なものでした。もし母親がゆったりとくつろいだ気持ちで過ごし、心の平和と幸福感をもっているならば、おなかのなかの子供にも大変よい影響を与えると言われていますね。その逆に、もし母親の心がかき乱されていて、とても不幸な気持ちでいたとしたら、おなかのなかの子供にも悪い影響を与えると言われているのです。

そしてお母さんのおなかから生まれたあとも、赤ちゃんがお母さんの肌のぬくもりに接して過ごすことは、子供の脳の発達にとても重要な働きをすると言われています。さらに、赤ちゃんはお母さんに母乳を与えてもらうことで大きく成長していきますね。ですから私たちはみな、この世に生まれ落ちたそのときから、お母さんの愛情に包まれて大きくなってきたのです。

生まれてから何年かのあいだは、お母さん、あるいはお母さんに代わる人の愛情のこもったケアがたとえ一日でもなかったら、私たちは自分では何一つできず、生き延びることさえ困難になってしまいます。このように、この世に生を受けた最初の段階において、お母さんの愛情は私たちにとって欠かせぬ重要なものだったのです。

私たちがもう少し成長してからのことを考えてみても、より愛情深い環境のなかで育てば育つほど、その子供のものの考え方や態度は、よりやさしく思いやりのあるものになります。しかし、もし愛情に欠けた寂しい環境のなかで育ってしまうと、何か問題に直面したときや、不安や心配事、恐怖などが起きたときに、それらの状況にうまく対処することのできない子供になってしまうのです。

そして最後に死ぬときも、もし愛情をもった家族や友人たちがまわりにいてくれたなら、より安らかに死を迎えることができますね。

このように、私たちの一生は最初から終わりまで、他の人たちの愛に支えられているのだということがよく理解できたのではないかと思います。

心の平和の大切さ

最近ではお医者さんたちが、心の平和と幸福感がからだの健康に大変役に立つ要素となっているということをよく話していますね。そして、心の平和と幸せをもたらすいちばん大きな要素となっているのは、**やさしさと思いやりのある心**なのです。

自分の心に愛があふれているときは、まわりの自然環境も魅力的で美しいものに見えますね。しかし、自分の心がかき乱されていて不幸なときは、まわりの環境や自然さえ不愉快なものに見えてしまいます。

このように、自分の心の状態によって、同じものがまったく違って見えてくるのであり、自分がやさしさと思いやりをもっているかいないかで、とても大きな違いが生じてくるのです。

自分の心がかき乱され、強い怒りがこみ上げてくるようなときは、自分のまわりの環境や自然も不快で腹立たしいものに見えてしまい、すべてのものが敵のように思われてしまうことさえあります。

しかし、自分の心が平和で満たされているときは、たとえ敵が現れたとしても、それほどひどい状況とは思わず、敵を哀れむ心のゆとりさえもつことができきます。そして、自分のまわりのすべてのものが、たとえ魅力あふれた素晴らしいものに見えなくとも、すべてを敵のごとくみなすようなとげとげしい心は起きてこないはずなのです。

つまり、からだの健康の面から考えても、心の平和は何よりも大切であり、心の平和をもたらすためには、愛情を育むことが絶対に必要だと言えるのです。

愛情にあふれた家庭で育った子供たちは、肉体的にも健康でよく成長し、勉強もよくできて、たいていよい性格をもった子供になります。そういう子供たちは、その人生において正しいふるまいをするよい人間になり、とくに、他の人たちへの思いやりをもったやさしい人になれるのです。

一方、愛情のない家庭で、いつも不安や心配、恐れなどを胸に抱いて育った子供たちは、勉強もあまりできず、とげとげしい心をもった人間になり、人生をあまり幸せに過ごすことができず、他人に対する思いやりをもてない人になってしまいがちです。

ある科学者たちが、子猿が母猿の手元で育った場合と、母猿から離されて育った場合の違いを調べるという興味深い調査をしています。

母親の元で育てられた子猿は元気によく遊び、あまり争いを好まない性格に育ちますが、母親と離されて育った子猿の場合には、あまり遊びにも興味を示さず、争いがちな性格になるという結果が報告されているのです。

この結果からもわかるように、愛情豊かな環境で育った子供は、自然に平和でゆったりした性格に育ち、愛情のない環境で育った子供は、思いやりのない性格に育ってしまうということは、誰が見ても明らかな事実ではないかと思います。

あなたに知っておいてほしいこと

過去の歴史を振り返ってみても、今もなお起こりつづけている世界の悲惨な状況を見てみても、偏見のない心である愛や慈悲、他者を助けようという思いによって、そのような悲劇が起こったことはただの一度もありません。今までこの世界に起きた数え切れない悲惨な出来事は、すべて偏見に基づいた執着や嫌悪の感情から起きているのです。

さらに、愛や慈悲の心は、宗教に信心をしている人たちが実践することであり、宗教に関心をもたない人たちにとっては無関係なことだと思っている人もいるかもしれませんが、じつはそうではありません。

もちろんすべての宗教において、愛と慈悲が大切であるということを教えているのは事実ですが、愛やいたわりの心は、私たち人間が生まれながらにしてもっているよき資質なのであり、宗教に信心をしている人たちだけが考えるべき特別なものなのではありません。

たしかに宗教は、愛や慈悲の心など人間本来のよき資質をますます高め、増やしていくための教えを説いていますが、愛や慈悲の心は、宗教に信心をしている人にとっても、信心をしていない人にとっても、すべての人たちに生まれながらにして備わっているすぐれた性質なのですから、宗教をもたない人には関係のない、不必要なものなのではありません。このことをはっきりと認識することは、とても重要なことだと思います。

次に、自分が愛と慈悲の心を育むことは、他の人たちのためなのだと私たちは普通考えていますね。けれど愛と慈悲の心をもつことが、自分のために役立つことだとは思っていません。

プライドや怒り、嫉妬心などがあるときは、それらの感情によって自分が守られているような気がするため、それが自分のためになることだと考えている人はいても、愛と慈悲の心をもつことが自分のためになると思っている人はほとんどいないのです。

しかし、愛と慈悲の心を育むことは、まずはじめに他者よりも自分自身にとって役立つことなのだということをはっきりと認識していただきたいと思います。愛と慈悲の心をもつと、自分自身が平和な気持ちになり、愛情にあふれた人間になれるのですから、自分にとっての利点はすぐに現れてきます。

そしてその次に、自分が心の平和を得て愛情深い人間になると、それによって少しずつ他の人たちのためにも役に立てるようになります。ただ、それが相手の人に百パーセント役立つかというと、それはどうかわかりません。なぜならば、相手の人の受け取り方によって違ってくるからです。

しかし、愛と慈悲の心を育むことは、その人自身にとっては百パーセント役に立つのです。それも、すぐにその効果が現れてきます。よって、愛と慈悲を育むという実践をすることはその人自身のためになることなのだということを、はっきりと理解することが大切だと思います。

どのように役立つかというと、まず自分自身の心に平和と安らぎを得ることができますし、それによってからだも健康になれます。そして最終的に、人生を幸せに過ごすことができるのですから、愛と慈悲を育むことは、自分にとって本当に素晴らしくよい結果をたくさんもたらしてくれるのです。

ですから、愛と慈悲の心をもつことの利点をまず知ることが必要であり、それを知ったなら、愛と慈悲を育てようという心からの願いが湧《わ》いてくるに違いありません。

本当の人間関係とは？

次は人間関係についてです。これはとても大切な主題ですね。

私たち人間は社会生活を営む生き物なので、自分一人で生きていくことはできず、常に他の人たちに頼り、社会に依存しながら生きていかなければなりません。

つまり、自分は社会に依存して生きているわけですから、自分一人だけ幸せになれたらそれでいい、他の人たちなどどうでもかまわない、という考え方がもし心のなかにあるとしたら、それは根本的に間違っているのです。

私たちの生活は社会に依存して成立しているのですから、自分の生活の土台となっている社会や他の人たちは自分を助けてくれている存在であり、自分の未来は他の人たちに依存しているのだと考えることによって、他者に対するやさしさと思いやりを育てなければなりません。

このような認識をもっていれば、人間としてのよき資質に基づいた人間らしい人間関係を築くことができるのです。金銭的、政治的な人間関係などは本当の意味での人間関係ではなく、人工的に作られたものでしかありません。

本当の意味での友好的な人間関係は、**同じ人間同士としてのやさしさと思いやりに基づくものでなければならない**と私は思います。

すべての宗教が、人間はみな兄弟姉妹だと言っていますね。これはつまり、人間が社会生活を営む生き物であるということを認識しているからです。

私は、基本的な人間の資質はポジティブで慈悲深いものだと思います。しかし、怒り、嫉妬などの攻撃的な態度もまた人間の性格の一部となっているため、ときには争いも起きてしまいます。そういった争いや意見の相違は、社会、家庭、個人などのさまざまなレベルで朝に夕に起きているのです。

実際には、すべてのものは相対的に存在しているので、たとえ同じものを見ても、別の人が違う角度から見れば違って見えるのが当然なのですが、そのようなとらえ方の違いによって、争いや意見の対立が生じてきてしまいます。

違う考え方を受け入れる

同じ一つのものの本質を別の観点から見れば、まったく違うように見えることもありますし、同じ対象物を同じ人が見る場合でも、朝見たときと午後見たときでは違って見えることもあるのです。このように、もののとらえ方には常に矛盾が生じてきます。

ですから同じ家庭のなかでも、一つの対象に関する両親の考え方と子供の考え方に食い違いが生じるのは当然のことですし、たとえ仲のよい夫婦間であっても、夫と妻のものの見方が大きく違っていることはよくあることなのです。

そこで大切なことは、
まったく違う考え方や違った角度からの
ものの見方も受け入れる、
ということです。

すべてのものは相対的に存在しているのですから、ある人が一つの角度から見たとらえ方が、別の人が別の角度から見たとらえ方と違ってくるのは当然であり、どちらの見方も真実なのです。ですから、他の人の考え方を受け入れるということが何よりも大切だと思います。

一方で、ものには共通の見方もあります。自分にとっても、他人にとっても、共通の利点となることや同じ意見ももちろんあります。意見が対立する部分はさておいて、そういう共通事項だけを見るということも、争いを避ける一つの方法です。

たとえば、十人の人がそれぞれ違った十の角度から一つのものを見るときは、十人十色でそれぞれ違ったとらえ方をしますが、同じ一つの対象物を見ているという点に関しては、すべての人に共通していますね。このように共通の部分を見ることによって、他者をいつくしむ態度で臨むならば、すべての人は同じ人間家族の一員なのですから、たとえ多少の考え方の違いがあってもそれほど問題にならないのではないかと思います。

お互いを尊敬し、理解し合い、共通の部分があるということを見失うことなく、違った意見も受け入れていくならば、どんな状況でも、ともに力を合わせて働くことができるのではないでしょうか。このような考え方は、争いや意見の対立を乗り越えていくための大変よい対策になると思います。

自分の属する社会のなかでも、家庭のなかでも、そして一人の人間の心のなかにおいても、朝はとても素晴らしく思えたものが、夕方にはそれほどよくは見えない、ということもありますね。しかしそれでもいいのです。時間がたてば意見も変わりますし、こういったことは自分の心のありように依存して違ってくるものだからです。

朝、充分寝たあとでとても新鮮な気分のときに見た花は美しく見えますが、午後になってだいぶ疲れ、イライラした気分のときには、同じ花を見てもそれほど美しくは見えません。このように、私たちの対象物のとらえ方は、さまざまな要素に依存して常に変化しているのです。

絶対的なものなど存在しない

すべてのものは常に相対的に存在していて、絶対的なものなど何一つありません。もし、ものが絶対的に存在しているならば、同じ対象物を見れば、誰が見ても、時間を隔てて見ても、常にその対象物は同じように見えてこなければならないはずです。

しかし現実には、永遠に変わることのない絶対的な存在など何もなく、すべてのものは常に変化しています。ですから違った意見が出てきたときも、そういう見方もあるのだと考えてそれを受け入れ、共通の部分を見るようにしていけば、争い事が起きる可能性をずっと減らしていくことができるのです。

まったく違った意見をもった人に出会ったときに、違った角度から見れば違う意見が出てくるのは当たり前のことであり、別の人が見たり、時をおいて見たりすれば、すべてのものは違って見えるものなのだと考えることができれば、大きな問題は起きてこないのではないでしょうか。

よく世代の違いによる問題も起きてきますね。年配の人たちは若い世代とは違うものの考え方をしているので、若い人たちが年配の人たちの言うことを聞かず、年配の人たちがそれを非難したりすることがあります。

あるいはその逆に、若い世代の人たちは新しい考えをもっているのに、年配の人たちは若い人の言うことに耳を貸さず、若い人が年配の人たちを批判したり、というようなこともよくありますね。

若い人同士の恋愛でも、二人の考え方の食い違いから争い事が起きて、それが悪化し、その落胆から絶望するというようなこともよくありますね。

このように、人間の社会においては、**私たち人間のもっている繊細な心の動きによって、常に違った感じ方や意見が出てくる**のです。

そして、狭い視野に立った見方をすれば、常に違いばかりが目について、人と対立することが増えるばかりですが、より広い視野に立って物事を見るならば、いつでも共通項があるということを認識することによって、自分の心にゆとりをもつことができるので、他の人たちと争うようなこともずっと少なくなるのです。これは大変重要な認識だと思います。

このようなものの考え方をすることが役に立つと思ったら、自分でももう一度よく考えてみたうえで、それを実行に移していただきたいと思います。そうすることによって、前向きの姿勢と建設的なものの考え方をますます高め、広げていくことができると私は思っています。

私たちのすべて、

抑圧者も友人も
含め、

全員のために、
私は祈ります。

人間に対する
理解と愛を通じて、
より善き世界の建設に
成功しますように。

そうすることにより、

生きとし生けるものの苦痛を、
和らげることができますように……。
一九八九年一二月一〇日 ノーベル平和賞受賞スピーチより

「空」を理解する心（密教の修行について）

チベットに伝わった小乗仏教、大乗仏教、
そして密教を含む総括的な仏教の教えは、
私たちが仏教の修行をする際に歩むべき
修行道の段階を示しているものです。

そして、**四聖諦**[注1]、**三十七道品**[注2]、**三学**[注3]の教えはみな、**小乗仏教**[注4]の経典で説かれている教えです。これらの小乗仏教の修行を土台として積むべき、菩薩《ぼさつ》の乗り物（菩薩乗《ぼさつじょう》）とも呼ばれる**大乗仏教**[注5]の修行には、愛と慈悲に基づいて菩提心《ぼだいしん》を生起する修行や六波羅蜜《ろくはらみつ》の修行があります。

そしてさらに、これらの修行のうえに積み重ねるべき真言乗《しんごんじょう》、すなわち**密教**[注6]の修行とは、密教に特有の**「止」**[注7]**と「観」**の双入《そうにゅう》による禅定《ぜんじょう》を成就することであり、これらの修行をいち早く達成するために密教の教えが説かれたのです。

仏教の修行の道を実践するときは、このような順序で段階を踏んで進んでいくことが必要であり、チベット仏教には、「小乗仏教」「大乗仏教」「密教」のすべての教えが説かれているという点で、とても重要な意味をもっていると思います。

ですから、パーリ語で説かれている小乗仏教の教えを修行せずに、サンスクリット語で説かれた大乗仏教の教えから修行を始める、というようなことはありえません。はじめにパーリ語で説かれた小乗の教えを修行し、これを土台として、サンスクリット語で説かれた大乗の教えを積み重ねていくことが必要です。

そして大乗仏教には、**顕教**[注8]としての教えである波羅蜜乗と密教の教えである真言乗

（金剛乗《こんごうじょう》）があり、大乗の教えに関しても、まず顕教の教えをすべて学んで修行したうえで、密教の修行を積み重ねていかなければならず、顕教の修行という土台なしに突然、密教の修行に入る、ということはできません。

しかし、小乗の経典に従って修行をしている人が、「大乗や密教の教えを受け入れない」ということはありえます。つまり、小乗の修行者が、大乗を釈尊《しゃくそん》（釈迦牟尼《しゃかむに》世尊《せそん》）の教えと認めず、密教の教えも釈尊の教えではない、と主張することはあるのです。

逆に、大乗仏教の修行者が、小乗の教えは劣っているとして、その修行を無視するようなことは許されることではありません。同様に、密教の修行者が、大乗の波羅蜜乗の教えを「釈尊の教えではないから修行しない」というようなことも絶対にありえません。

このように、下のレベルの教えを修行する人が、より高度なレベルの修行を受け入れず、修行しないということは大いにありうることですが、より高度な修行をしようとする人が下のレベルの修行をせず、その教えを無視するようなことは決して許されることではありません。

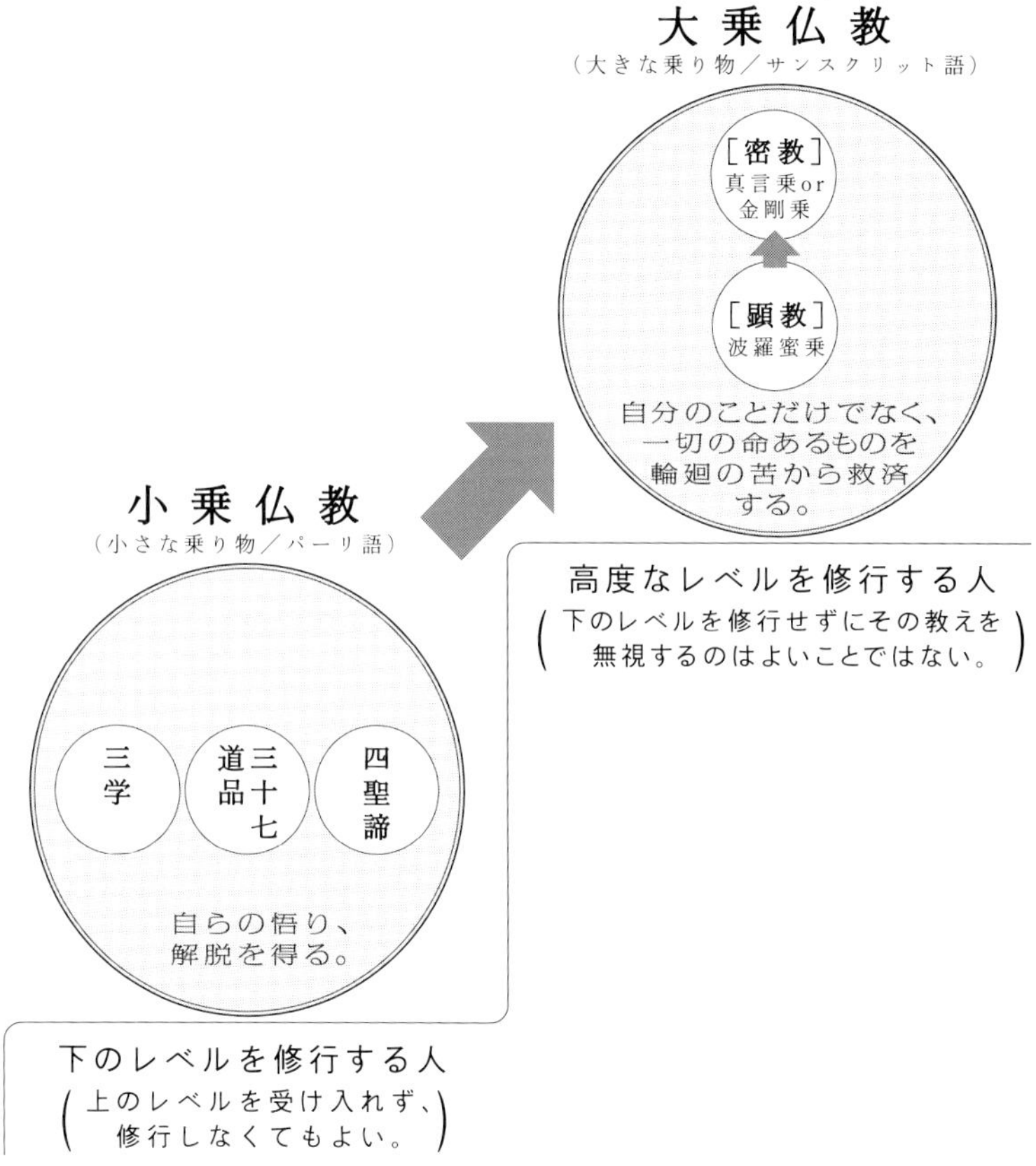
大乗仏教
（大きな乗り物／サンスクリット語）
［密教］
真言乗or
金剛乗
［顕教］
波羅蜜乗
自分のことだけでなく、
一切の命あるものを
輪廻の苦から救済
する。
小乗仏教
（小さな乗り物／パーリ語）
三学
三十七道品
四聖諦
自らの悟り、
解脱を得る。
高度なレベルを修行する人
（下のレベルを修行せずにその教えを無視するのはよいことではない。）
下のレベルを修行する人
（上のレベルを受け入れず、修行しなくてもよい。）

注1　四聖諦（ししょうたい）

釈尊が説いた四つの諦（真理）、「苦」「集」「滅」「道」のこと。「苦諦」とは「苦しみに関する真理」、「集諦」とは「苦しみの因に関する真理」、「滅諦」とは「苦の止滅に関する真理」、「道諦」とは「苦の止滅に至る実践道に関する真理」のことで、人間を苦から救うために説かれた教え。

注2　三十七道品（さんじゅうしちどうほん）

悟りに至るための三十七の実践修行。四念処・四正断・四神足・五根・五力・七覚支・八正道の七つの体系に分類される。

注3　三学（さんがく）

仏教の修行者が修めなければならない三つの実践修行。悪い行ないを制御する「戒律」、心を一つのよき対象に完全に集中させる「禅定」、正しい見解を育む「智慧《ちえ》」の三つ。

注4　小乗仏教（しょうじょうぶっきょう）

自らの悟りのみを目的とする仏教。

注5　大乗仏教（だいじょうぶっきょう）

自分一人の悟りではなく、一切の命あるものを輪廻《りんね》の苦から救済して悟りに至らしめることを目的とする仏教。「大乗」「小乗」という言葉は、大きな乗り物、小さな乗り物という意味で、仏教の修行をする際の心の動機の大小によっている。

注6　密教（みっきょう）
大乗仏教における五つの修行の道をいち早く進むための秘密の乗り物。顕教で説かれている方便《ほうべん》（手段）に従って修行道を歩む場合は、悟りに至るまでに非常に長い時間がかかるとされているが、密教で説かれている方便の道に従えば、その修行に要する時間が大幅に短縮できて、今世において悟ることさえ可能であると言われている。密教とは、一切衆生をいち早く救済したいと願う菩薩のために説かれた秘密の教えであるが、それは大乗の修行の道に他ならない。大乗、小乗に対して「真言乗」「金剛乗」とも言う。

注7　「止」と「観」（「し」と「かん」）
「止」とは、心が一点に集中して静まった状態のこと。「観」とは、対象物を分析し、観察する鋭い洞察力のこと。

注8　顕教（けんぎょう）
「顕教」とは、小乗の教えと、大乗の波羅蜜乗の教えのこと。「密教」とは、大乗の真言乗の教えのこと。つまり大乗には、顕教の教えである波羅蜜乗と、密教の教えである真言乗が含まれている。

ツォンカパ[注9]は、『修行道の三つの要素』という著作を残しています。このなかで説かれている重要な要素とは、「出離《しゅつり》の心」「菩提心」そして「正しい見解」の三つです。**出離の心**とは、苦しみに満ちた輪廻をなんとかして抜け出し、解脱を得たいと願う心のことであり、**菩提心**とは、利他行をなしたいという熱望と、その目的を成就するために一切智の境地を得たいという熱望の両方を兼ね備えた心のことを言います。

そして「解脱」あるいは「一切智の境地」を得るために必要な修行は何かというと、それが**正しい見解**（空の見解）を育むことなのです。単に解脱を得ることだけを目的とし、出離の心を育んで、空を理解する智慧を得るために説かれた教えは「小乗の修行の道」であり、菩提心をもって一切智の境地を得たいという願いを心の動機として空に瞑想《めいそう》し、正しい見解を育むための教えが「大乗の修行の道」となります。

菩提心を生起するためには、まず出離の心を起こすことが必要です。そして解脱を得るためには、煩悩を断滅しなければなりません。なぜならば煩悩を断滅し、煩悩から完全に自由になったときに得られるすぐれた心の性質を「解脱」と呼んでいるからです。さらに、「一切智の境地」とは、煩悩という障害（煩悩障）を滅しただけでなく、一切を知ることのできる智慧に対する障害（所知障）をも滅したときに得られるすぐれた心の性質のことを言います。

ですから解脱とは、煩悩という敵から完全に解放されたときの心の状態のことであり、一切智の境地とは、煩悩障も所知障も滅し、すべての障りから完全に解放されたときに得られるすぐれた心の性質のことを言うのです。そして、煩悩障と所知障という二つの障りを滅するための対策となるのが、空を理解する智慧となっています。

一切智の境地を得たいと願う「菩提心」を起こすためには、まず輪廻を抜け出して解脱を得たいと願う「出離の心」が必要となるわけです。

注9　ツォンカパ

一三五七〜一四一九年。チベット仏教最大の学僧であり、ダライ・ラマが所属するゲルク派の創始者。チベット仏教を思想哲学、実践修行の両面から体系化し、顕教、密教の奥義を解き明かす多くの著書を残している。

大乗仏教の波羅蜜乗においては、「布施」「持戒」「忍耐」「精進」「禅定」「智慧」という六波羅蜜の修行が説かれており、この六つの修行は、**方便**（目的の境地を達成するための手段）と**智慧**（空の正しい理解）という二つのカテゴリーに分けられます。

このとき、顕教の教えである波羅蜜乗においては、方便と智慧は別個の本質をもつものとなっていますが、密教の教えである真言乗においては、方便と智慧を分かつことのできない一つの本質をもつものとして説いています。そして、方便と智慧を分かつことのできない一つの本質をもつものとしてとらえ、理解するためには、まず方便と智慧が別々に存在していなければなりません。そうでないと、方便と智慧の無別を説く土台がなくなってしまい、方便と智慧の無別を説くことができなくなってしまうからです。

そこで、まず方便と智慧の二つが別個のものとして存在していることが必要であり、このような理由から、密教の修行の道に入るためには、まずはじめに波羅蜜乗の教えを学び、修行することが必要とされているのです。

同様に、小乗仏教の経典のなかに説かれている三学の教えの修行がされておらず、戒律の修行もしていないままで大乗仏教の修行者になろうとしても、大乗の教えの修行を実践するのは困難なことになってしまいます。つまり、大乗仏教の修行である六波羅蜜の修行や、愛と慈悲、そして菩提心を育む修行がされていない状態で密教の修行に入ろうとしても、それは、まったく不可能なことでしかありません。

チベット仏教は、小乗、大乗、密教の教えを
すべて備えた修行の道であると言われますが、
密教の修行をするためには、
顕教という小乗と大乗の修行を
段階的に実践しておくことがまず必要です。

空を理解する智慧

密教の修行とは、本尊を勧請《かんじょう》して供物を捧《ささ》げたり、祈願をしたり、マントラを唱えたりすることなどを意味しているのではありません。密教の主な修行とは、本尊に瞑想することにあります。

そして本尊に瞑想するということは、何もない空間に本尊のお姿をいろいろ思い浮かべてそれに瞑想する、というだけでは何の意味もなく、瞑想の目的を何も果たすことはできません。

さらに、私たちのもっている不浄なからだを無自性のものと考え、この不浄なからだを対象としてその空について瞑想する、という瞑想もありますし、このような瞑想ももちろん、空の瞑想となっています。

しかし、私たちのからだは、仏陀《ぶっだ》のもっているような清らかなからだではありません。無明《むみょう》と煩悩に侵されて間違った行ないをなし、その行為の結果として得たからだなので、それは因の本質からして汚れた種類のからだでしかないのです。さらに私たちの生の始まりは、父母の精子と卵子の結合によって生じた小さな細胞が実質的な因となっているのですから、そのような不浄なからだを、空を理解する心から生起させることはできません。

それでは、本尊のお姿を瞑想するためにはいったい何が必要なのでしょうか？

それには、仏陀のからだとなるべき特別の因を作り出さなければなりません。「一切智の境地」に住する仏陀のからだを瞑想するには、仏陀の心、つまり**空を直感として体得する智慧と本質が同じからだが必要**なのです。

このようなからだを生起させるための因として、今このときから、「空を理解する心を本尊として生起させる」という練習を積むことが必要となります。もちろん現在の私たちには、空を理解したときの心を本尊として生起させることなど、実際にできることではありませんが、将来そのようなことが本当にできるようになるために、今から想像力を使って練習し、空を理解する心を本尊として生起させる、という瞑想の修行を積まなくてはならないのです。

そして、空を理解する心を本尊として生起させるためには、空を理解する智慧が必要であり、それがなければ本尊ヨガを実践することはできません。

すべての密教（タントラ）の儀式には、「そして、空となった」という語句が何度も出てきますね。これはただ、姿かたちがみな消えてなくなった、というだけの意味ではありません。単にまったく何もない状態になったという意味ではないのです。

「空となった」というのは、無自性の意味を心に思い浮かべ、その理解を心に生起させることを意味しています。空に対する理解を得ていればそれを、そして、空を体験として理解することができていればそれに瞑想し、次第に心をなじませていくことによって、空に瞑想しているときの心を本尊のお姿として生起させるのです。

現在の私たちには、空を理解する心を本尊のお姿として生起させる、という本尊ヨガを実際に行なうことはできませんが、将来、本当にそのようなことができるようになるために、今このときから、「空の理解を本尊のお姿として生起させる」という過程を、想像力に頼って観想するわけです。このような瞑想の修行を積むことによって、徐々にそれが実現できるようになるのであり、それには自分の心をこのプロセスに慣らしていくことが必要です。

菩提心を起こすためには

空の理解は、「解脱」を得るためにも、「一切智の境地」を得るためにも必要な主な因となっており、煩悩障と所知障を滅するために、実際にその対策となって働くものです。

しかし、単に空に瞑想するだけでは、解脱を得るための因とはなっても、一切智の境地に至るための因とはなりません。密教の修行をするのであれば、それは大乗の教えであり、一切智の境地を成就するための教えなのですから、一切智の境地を得るための因を作らなければならず、それには「菩提心」が絶対不可欠な要素となっているのです。

つまり、「菩提心」に伴われた空の理解をもつことができたなら、それは一切智の境地を得るための因となりますが、空の見解が単に「出離の心」のみに伴われている場合には、解脱を得るための因にはなっても、一切智の境地を得るための因とはなりません。

ですから、密教の修行をする者にとっては、空の見解を育むことが絶対不可欠な要素となるだけでなく、その空の見解が一切智の境地を得るための因となるためには、菩提心に伴われていなければならないのです。

つまり、**菩提心がなければ、密教の修行とはなりません。**そして、出離の心がなければ、菩提心を起こすことは非常に困難です。なぜならば、菩提心とは、利他行（一切衆生を救済するための実践）への強い熱望を因として、その手段として自分が悟りを得ることを強く願う心のことだからです。

そこで、利他行への強い熱望をもつためには、他者に対する大いなる慈悲の心が必要となり、大いなる慈悲の心を起こすためには、苦しみを認識することが必要となります。

さらに、苦しみを認識できなければ、出離の心を起こすこともできません。苦しみについてよく理解したうえで、苦しみから逃れたいと願う心のことを出離の心と言うからです。

苦しみの本質について

苦しみには、「苦痛に基づく苦」「変化に基づく苦」「遍在的な苦」という三つの苦しみがありますが、釈尊が「苦しみが存在するのは真理である」と説かれているのは、主に遍在的な苦しみのことを意味しています。遍在的な苦を苦しみだと認識しているのは、おそらく仏教徒だけではないでしょうか。

仏教以外の宗教においても、苦痛に基づく苦を苦しみだと認識していますし、変化に基づく苦が苦しみであることも認識して、その苦しみから逃れたいという願いをもっている人たちもいます。梵天《ぼんてん》の乗り物の修行には、変化に基づく苦から一時的に逃れるための手段も説かれているのです。

しかし、遍在的な苦を苦しみと認識し、この苦しみからも解放されたいという願いは仏教徒にしかなく、仏教ではこのような意味における解脱の規定を受け入れ、それを成就しようとしているのです。

仏教で言う解脱とは、外面的な意味ではなく、
内なる心が達することのできる
すぐれた特質のことをさしており、
煩悩を完全に滅したときに得られる
清らかな心の境地を解脱であるとしています。

そして、解脱を得るための手段となる無我の見解に瞑想し、心をなじませていくことによって解脱を成就する、という修行の道を説いているのです。

仏教の修行の道では、菩提心を育むためには大いなる慈悲の心が必要であり、大いなる慈悲の心をもつためには苦しみの認識が必要です。それも、とくに遍在的な苦を苦しみであると認識することによって、煩悩の影響下にあるかぎりは、すべては遍在的な苦しみの本質をもつものであるということを理解して、煩悩を断滅し、煩悩から自由の身になりたいという願いを起こして、無我の見解に瞑想しなければなりません。

ですから、空の見解なしには、密教の修行をすることはできず、空を理解する心を本尊として生起させることもできません。

所知障を滅するための対策となる空の理解は、「菩提心」がなければ育むことができず、菩提心を起こすためには大いなる慈悲の心が必要で、大いなる慈悲の心をもつためには、遍在的な苦を苦しみと認識して、その苦から解放されたいという「出離の心」をもつことが必要なのです。非常に明解ですね。

ですから、密教の修行をするには、これらをすべて修行することが必要であり、そうでなければ密教の修行など不可能である、ということが理解できたと思います。

ツォンカパが次のように述べています。

「高度なレベルの密教の修行道がいかに深遠ですぐれているかを理解するとき、それより下のレベルの修行道をしっかりと実践しようという気持ちが大きくなっていくならば、それは正しい。より上のレベルの修行道がいかに深遠ですぐれているかを理解することにより、より下のレベルの修行道に対する熱意と関心がなくなるようであれば、それは間違いである」

つまり、より高度な修行の実践を望むのであれば、それらの修行の土台となっている下のレベルの修行道をきちんと実践しておくことが何よりも重要なことである、ということをツォンカパは諭されているのです。

さらに、仏教の修行者は、最終的に仏陀の地に至り、「一切智の境地」を成就することが目的であるということを、心のなかにしっかりと刻みつけておくことが大切ですが、修行をしている今の段階においても、何らかの形で修行が自分自身に役立っているということが、何よりも大切なことだということも忘れてはなりません。

非常に高度な教えである密教の修行にしても、現在の段階では、私たちは想像力に頼り、観想によってヨガを実践することしかできず、本当の意味では本尊ヨガを実践することはできないのです。

そこで、ふたたび、ツォンカパが説かれた出離の心、菩提心、正しい見解という「修行道の三つの要素」について考えてみましょう。

苦と向き合う生き方

もし、**出離の心**が少しでも育ってくると、苦痛に基づく苦と変化に基づく苦から逃れたいという願いはもちろんのこと、遍在的な苦からも自由になりたいという願いが生じてきます。三種類の苦しみをすべて苦しみであるとはっきり認識することができれば、その苦から解放されたいという願いも高まってくるのです。

出離の心についてよく考え、少しでもその感覚が芽生えてくると、世界中でじつにさまざまな問題が起きているのを見るとき、地球上に生きている人たちがみな、煩悩に支配された存在であるかぎりは、このような耐え難い苦しみが生じてくるのは当然のことなのだと考えることができますね。

同様に、自分自身のことについて考えてみると、病気になる苦しみ、老いる苦しみなど生老病死の苦しみはみな、私たち誰もが経験しなければならない本質的な苦しみとなっています。煩悩に影響された悪い行ないの結果として、このような汚れた心とからだを得ているかぎりは、そういった苦しみが常に起きてくるのは当然のことなのだと考えることができれば、苦しみに対する心のもちようがずっと幅広いものになります。

その逆に、この人生に起きてくるさまざまな苦しみを、「ああ、とても耐え難い悲惨な状況だ」と考え、その苦しみに打ちのめされてしまうと、それは本当に耐え難い苦しみとなって私たちにのしかかってきます。

そこで、こういった苦しみは本来誰にでも起きてくるものであり、私たちが煩悩の影響下にあるかぎりは、苦しみが起きてくるのは当然のことなのだと考えることができれば、対処のしかたはずいぶん違ってくるのではないかと思います。

もちろん、なんとかしてその苦しみをなくすための手段を探そう、という思いは同じでしょうが、**苦しみの本質を認識することができれば、窮地に立たされたとき、もうどうにもならないというような悲愴《ひそう》な絶望感は起きてこない**のではないでしょうか。

生老病死の苦しみに対しても、これらの苦しみは人間として生まれた以上、誰にでもあって避けられないものなのだと考えるなら、それほど悲惨な気持ちにはなりませんね。

このような考え方をすれば、望まぬ苦しみに直面したときも、苦しみに打ちひしがれて不幸のどん底に陥るかわりに、「この苦しみは、もともと自分の心が鎮められていなかったために起きたものなのだから、自分のかき乱された心をなんとか鎮めるように努力しよう」というような前向きの姿勢を保つことができて、絶望することがないだけでなく、その逆に勇気が湧《わ》いてくるのです。

そして、本当に考えられないような悲惨な状況に直面して窮地に陥ったときでも、もし自分に少しでも出離の心があったなら、望みを失って絶望してしまうようなことは絶対に少なくなります。

遍在的な苦とは、煩悩の力に支配されている状態のことを言います。ですから遍在的な苦を苦しみだと認識するためには、煩悩のもたらす悪い点をはっきりと知る必要があるのです。

もし、煩悩のもたらす悪い点を認識できず、煩悩こそ何かを成し遂げるための手段となり、力となるものだなどという考えが少しでも存在しているあいだは、遍在的な苦を苦しみだと認識することはできません。

世の中には、他者に対して本当にひどいことをする人たちもいますが、明らかに彼らは、煩悩に影響されてそのような間違ったことをしているだけなのですから、そういった事実を正しく見ることさえできれば、煩悩に引きずられて間違った行ないをしている人たちを、気の毒に思う慈悲の心が生じ、その人に対する怒りや憎しみは減っていくはずなのです。

間違った行ないをしている人に対して怒りを爆発させるかわりに、「その人は煩悩に侵されたために、自分をコントロールすることもできず、心ならずも悪事を働いてしまったのだ」と理解することができれば、その人に対する慈悲の心を起こし、その人が煩悩の束縛から解放されたらどんなにいいだろう、と考えることもできるはずです。

このように、その人に欠点があると考えて非難するのではなく、その人を間違った方向に走らせた煩悩こそ諸悪の根源なのだ、と考えることができれば、煩悩のもたらす悪い点を認識するためにも、自分のものの考え方をより建設的な方向に向けるためにも、大いに役に立つのではないかと思います。

他者をいとおしむ菩提心

菩提心とは、自分よりも他者を大切にいとおしむ心のことです。他者のことなど顧みず、自分のことだけを考える利己的な心がどんな悪い結果をもたらすかを考えれば、他者のことを大切にいつくしむ心を育むことができます。

そして他者への愛が強くなればなるほど、利他行への熱望も大きく育ってきますし、利他への思いが大きくなればなるほど、自分の心に勇気が湧いてきます。そして、何にでも立ち向かう勇気があればあるほど、困難に直面したときに怒りを爆発させてしまうようなことはずっと少なくなるのです。

同様に、「自分はこんな苦しみにはとても耐えられないし、この人生はもう終わりだ」などと考えて絶望したときも、菩提心について思いを馳《は》せ、「この虚空が存在するかぎり、有情のために利他行を為すことができますように」と考えることができれば、すぐにも心のもちように変化が生じて、生きていく希望と勇気が芽生え、力が湧いてきます。そして、どんなに行きづまって疲労困憊《こんぱい》しているときでも、恐れや心配、悲嘆、絶望などが軽減されていくのです。

それでは、私自身はすでに菩提心をもっているかと問われれば、もっているとお答えすることはできませんが、菩提心を起こしたいという強い熱望は確かにもっています。そして、なんとしてでも菩提心を生起させたい、という強い願いが心の底から湧いてくるとき、その気持ちは私の心に確かに大きな変化をもたらしてくれるのです。

私はダラムサラで、毎朝菩薩戒を受け、菩提心に対する思いを新たにするよう努力していますが、二〇〇四年のあるとき、ちょうど菩薩戒の言葉を唱えているときに、大きな地震がありました。いつもなら、地震が起きるとすぐに恐怖心が起きてくるのですが、そのときは他者をいつくしむよき心を起こし、菩提心への祈願をしていたので、きっとその思いによって地震への恐怖がなくなったのだと思います。

地震でかなり揺れたにもかかわらず、心では菩提心のことを考えていたので、心配や恐れはまったく起きてきませんでした。

ですから、もし死に直面したときも、菩提心について考えていれば、きっと死への恐怖をもつことなく安らかに死を迎えられるのではないかと思います。**菩提心に思いを馳せることは、私たちの心に確実に変化をもたらしてくれるのです。**

講演のなかでも、「日本ではよく地震が起きるのですが、私は地震が起きると恐怖心でいっぱいになってしまいます。いったいどうしたらよいでしょうか?」という質問がありました。

そのとき私はすぐに、菩提心について考えることができればよい、と思ってそう答えたのですが、もしその質問者が菩提心に瞑想する習慣をもっていなければ、そのようなアドバイスをしてもあまり役には立ちませんね。

ただ、私自身について言うならば、私は実際にそういう体験をしたのですから、菩提心が私たちの心にとても大きな変化をもたらすということを知っています。

そのような私でも、飛行機に乗っているときに急に揺れたりすると、瞬間的に恐怖心が生じて、菩提心に瞑想しようとしても間に合わず、どうにもならないこともあります(笑)。私は飛行機が揺れるのはとても怖いのです。

しかし、ダラムサラで地震が起きたときは、菩提心に瞑想していたので、少しも怖くありませんでした。ですから、菩提心について考えているときと考えていないときとでは、確かに心のもちように大きな違いがあるのです。

「私」とは何なのか？

最後に**正しい見解**（空の見解）についてですが、私自身がどの程度の理解を得ているかをお話しするならば、粗《そ》なレベルの人無我《にんむが》は理解している、と言ってよいと思っています。しかし、微細なレベルの空については、多分こうであろうという自分なりの確信に基づくレベルでの理解ではないかと思います。しかしその程度の理解でも、少しは役に立っているようです。

日本人は、自分のことを「私」と言うのでしょう？　チベット語の「私」は「ガ」という一音節の言葉です。英語では「アイ」で、これも短い音節ですね。中国語では確か「ウォー」で、ヒンディー語は「メ」ですから、これらもみな一音節ですが、日本語では「わたくし」という四音節もある長い言葉になっているのは、なぜなのでしょう。あなた方日本人は、からだは小さいのに、まるで大きな自我があるみたいですね（笑）。

日本でレストランやホテルの洗面所に行くと、洗面台がとても低いのです。多分そういう高さには規定水準があって、だいたい決められているのでしょうが、インドやヨーロッパなど他の国の洗面台はずっと高いのに、日本の洗面台は低いということは、日本人の体格が小さいからなのでしょう。しかしその反対に、自分を意味する単語が他の言語よりも長い言葉になっているというのは、他の国の人たちよりも日本人のほうが、我が強いのかもしれませんね（笑）。

自分を表す言葉だけでなく、お父さんとお母さんのことも、チベット語では「パ」「マ」という短い言葉ですし、中国語でもやはり短い音節の言葉になっています。このように、私たち人間が幼い頃最初に発する言葉には、音節が短くて簡単な言葉が多いのです。「私」「お父さん」「お母さん」にあたるチベット語は、「ガ」「パ」「マ」というとても短くてインパクトが強い言葉になっています。

そして、「私のからだ」「私の心」などと言うときも、「私」が土台となっており、「私」という自我を実体があるかのごとくとらえることによって、その自我が所有しているものとして「私のからだ」「私の心」と言っているのであり、そのような主体者となる「私」が強く心のなかに現れてきます。

しかし実際には、「私」とは、からだと心に依存して「私」という名前を与えられただけの存在であり、からだと心の所有者である独立した「私」など、どこにも存在していません。ところが私たちは、「私のからだ」「私の心」と言うとき、自分の所有物としての心とからだをとらえていて、心とからだは「私」という強い自我の存在に依存しているように考えているのです。

たとえば、松本さんという名前の人がいるとき、私たちは松本さんの姿を思い浮かべますね。そして、その姿と松本さんの心を合わせたものを私たちは「松本さん」と呼んでおり、松本さんはそのようなありようとして私たちの心のなかに現れてきます。

ですから、その人のからだ、その人の話す言葉、その人の心を総合したものが「松本さん」として心に浮かんでくるのであり、それらを抜きにしては、松本さんという人が独立自存の存在として心のなかに現れてくることはありません。

このように、人はみな、そのからだと心の集まりに対して名前をつけただけの存在に過ぎないのですから、からだと心に依存して「私」は存在しているだけなのに、「私のからだ」「私の心」「私の両親」などと言うとき、私たちはからだや心の所有者である「私」があたかも独立して存在していて、他の何ものにも依存していないかのような思い違いをしており、そのような「私」にからだと心が依存しているのだと誤解しているのです。

そこで、そのような独立自存の「私」や自我は存在していないのだということを、論理的に分析して考えてみることが必要であり、これが無我の瞑想と呼ばれているもののなのです。このような瞑想の修行を積むことによって、自分が思っているような独立自存の自我はない、という確信を徐々に心のなかに育んでいかなければなりません。

「私」という自我は、「私とは何なのか?」という分析と探究をしないかぎりは、確かに世俗のレベルにおいて存在しています。しかし、論理的にそれを分析し、探究してみると、そのような自我はどこにも存在していない、ということを理解することが大切であり、そのような正しいものの考え方に心をなじませていかなければならないのです。

さらに、ふだん私たちは自分にとって魅力的に見えるものに対して執着し、自分にとって不快なものに対しては嫌悪感を抱いていますね。そこで、そのような執着心や嫌悪感を、いったい誰が感じているのかを考えてみるのです。

すると、「私」という強い自我意識があるからこそ、そのような「私」にとって魅力的に見えたために、その対象物は魅力的なものとなり、「私」にとって不快なものに見えたために、その対象物は嫌なものとなったのであって、「私」とまったく無関係に、その対象物自体によし悪しがあるわけではない、ということがわかります。

つまり、執着や嫌悪の感覚の土台として、「私」という強い自我が存在していなければ、いったい誰に対して魅力のあるもの、不快なものという違いが存在しうるでしょうか。「私」という自我があるからこそ、対象物に対する執着や嫌悪を起こすのですから、**「私」という強い自我をなくさないかぎりは、執着や嫌悪の心をなくすことはできない**のです。

このように、自我に対する間違った考え方を正していくと、確実に心に大きな変化が起きてきます。たとえ少しずつでも、新しい正しい考え方に心を慣らしていくならば、それがだんだん強い力を発揮するようになるのです。

ですから、**出離の心**、**菩提心**、**正しい見解**を育む修行を続けていれば、毎日の日常生活のなかで、確実に心によき変容をもたらすことができるのです。

悲と人を愛する優しさを
心のなかにもっていれば、

何かが自然に
あなたの内面にある扉を
開いてくれるのです。

それを通じて、
あなたたちは他の人々と

ずっとたやすく
心を通わせることが
できるようになるのです。

あたたかな気持ちは
開かれた心を生み出します。

すべての人間が
あなたと同じであることが
わかり、

もっとたやすく
人間関係を育てていくことが
できます。

日本人との対話

質問1：最近の日本の学校では、家庭の状況によって心が不安定な子供たちがとても多いように思います。教師の立場から、そういう子供たちにどんなアドバイスができるでしょうか。

ダライ・ラマ：そういう場合には、いろいろ細かい家庭の事情もあるでしょうし、私にはそういう経験もありませんが、一般的なお答えをするならば、家庭における両親であっても、学校における先生であっても、子供たちに対する心からの愛情をもって子供の面倒を見る、ということが何よりも重要なことだと思います。

学校の先生であれば、単に勉強を教えるというだけでなく、子供たちがこれからの人生を幸せに歩んでいけるような方向づけをするために、自分がその責任をもとう、という気持ちをもつことが大切です。そして、まるで自分の本当の子供のように、心からの愛情をもって接してあげることが必要だと思います。

家庭においては両親が愛情をもって子供を育て、学校では先生たちが愛情をもって勉強を教えるならば、子供のほうも知識をよく吸収できるのと同時に、より心のやさしい、よい人間に成長していくことができます。ですから、子供に対して心からの愛情をもって接するということは、とても大切なことなのです。

最近では、世界中で教育に関する論議がされていて、教育に対する関心がますます高まってきていますが、そのほとんどの場合、単なる知識や教養を増やすことばかりを考えていて、子供たちが心のやさしい思いやりのある人間になるための努力はあまりされていないように思います。

そのような教育方針では、たとえ多くの知識や教養を得たとしても、一人の人間としてのよき資質を高めていくことはできません。

心のやさしい、よい人間になるということは、外面的な行ないや表現を変えることではなく、心の内面に愛を育てるということなのです。人間性の喪失という問題は、今や世界中で共通の問題になっており、過去何十年ものあいだ、人間の内面的な資質が問われつづけてきました。

これは現在、世界のどこの国においても問題となっていることですので、今こそ教育を通して、私たち人間の心によき資質を育て、高めていくための動きを、世界規模で促進していくことが必要なのではないかと私は思います。

質問2：過去世、今世、来世を通しての、人間として生まれた目的は何なのかを教えてください。

ダライ・ラマ：来世について言うならば、宗教的な立場からお話ししなければなりません。宗教にも、来世の存在を認めている宗教と、来世についてはとくに何も述べていないものなどいろいろな宗教がありますね。

しかし、来世を認めている宗教の立場からも、認めていない宗教の立場からも、現在私たちが生きているこの人生は大変重要なものだと考えられています。なぜならば、過去はもう過ぎ去った時間だからです。

さらに、未来もまた重要なものであり、未来は現在、つまり今このときに依存しています。そして現在は今の私たちの手にゆだねられているので、今世は大変重要なものとなっており、もし私たちがこの人生を有意義なものとして過ごすならば、よい未来を得ることができるのです。

それでは、有意義な人生とは、いったいどのような人生を言うのでしょうか?

他の人たちへの思いやりをもった心のやさしい人になるということは、何よりも大切なことです。そしてそれは、できるかぎり他の人たちのためになることをすること、もしそれができなくても、少なくとも他の人たちを害するような行ないを慎むということなのです。

もしそのようにして生きていくならば、自分自身の人生もより幸せなものになります。少なくとも、問題児になることはありませんし、よい人だと人に言ってもらうこともできますね。

もし、あなたがお金や名声などのつまらぬものを得るために、ほんの一瞬でも何か問題を起こすようなことをしたならば、そんなつまらないもののために多くの人たちに迷惑をかけてしまうことになり、長い目で見れば、結局あなた自身が負け犬になってしまいます。

ですから常識的に考え、知性を働かせて、つまらぬ目先の目的だけを追いかけて狭いものの考え方をするよりも、より広い視野に立って長い目で物事を考えるように努力するべきだと思います。

質問3：日本には、小さい子供を平気で殺したりするような人がいます。日本には死刑制度があるので、私はそういう人は死刑にするべきだと思っていますが、愛と慈悲が大切だという考えに基づくならば、子供を殺した犯人にはどのように対処したらいいのか、法王様のお考えを聞かせていただきたいと思います。

ダライ・ラマ：アーリアデーヴァの著作である『四百論』のなかには、「この世の中には、自分の嫌いな人をすべて滅して、平和な心で死んでいく人など一人もいない」と述べられています。つまり、悪事を働いた人をすべて殺してしまうなどということは、不可能なことなのです。

犯罪者を死刑にしてしまえば国が平和になるかと言えば、決してそうではありません。この世界には、死刑が執行されている国々がありますが、それらの国々のほうが、死刑が執行されていない国よりも問題が少なくて平和だとは思えません。

ですから、私はいつも死刑の執行には反対しています。アムネスティーインターナショナルでは、現在死刑執行の撲滅運動をしていますが、私もその運動に賛同し、署名している一人なのです。

とくに、若い犯罪者に対して死刑を執行するのは間違っていると思います。もちろん老若を問わず、罪を犯した人に対して何らかの罰を与えるというのは理屈に合っていますが、犯罪者に対しても思いやりとケアの気持ちを失わずに、彼らのなしたことは間違ったことなのだということを諭し、慈悲の心とあたたかい思いやりをもって接することが大切だと思います。

怒りをぶつけるなど、ネガティブな態度で対処して、犯罪者を社会から追放するのではなく、許すことが必要だと思います。

普通、犯罪者たちは社会から拒絶されがちですが、それでは犯罪者が立ち直る望みを断ち切ってしまうことになりますし、犯罪者も社会から拒絶されたという気持ちから絶望してしまうので、それは絶対に間違いだと私は思うのです。

犯罪者たちにも、彼らが今も社会の一員であり、社会のよき市民の一人となる責任があるのだ、という自覚をもたせるべきだと思います。

彼らのなした犯罪に対して何らかの罰を与えることによって、彼らがしたことは確かに悪い行ないであるということを示すと同時に、彼らも社会の一員なのだから、心を入れ替えてよい人間にならなければならない、ということを理解させることが大切です。
彼らも、他の人たちに対する思いやりをもったよい人間になり、よい行ないをしなければならない、それが人間としての務めであるということを、しっかりと諭すことが大切だと思います。
とくに若い犯罪者に対しては、私たちのほうからやさしさと思いやりを示し、面倒を見てやる気持ちを失ってはなりません。

質問4：祈りについての質問です。仏教のいろいろな教えを聞いていますが、直接的な表現として「祈り」という言葉はあまり出てこないように思います。祈りというのは仏教のなかでどのように位置づけられているのでしょうか？　たとえば、他のために祈るという場合は、菩提心《ぼだいしん》の現れのように思いますが、自分や家族のために祈るという場合は、煩悩の現れのように思えるのです。

ダライ・ラマ：自分の人生を、利他をなす目的のために使うのは大変素晴らしいことです。その目的のために、利他行をしようとしている人が、自分の長寿を祈ったり、自分の行ないが成就するようにと祈ることはまったくかまわないと思います。

なぜならば、最終的な目的は利他をなすことであり、その目的を果たすために必要な手段として、自分の幸せや繁栄、そして仕事の成就を祈っているからです。

たとえば、阿弥陀如来《あみだにょらい》に祈願するときは、長寿を得ることを目的としていますね。阿弥陀如来は、長寿を得るために特別な力をもった仏様だからです。そのような祈願をするときの目的が利他行をなすことであり、自分の健康や長寿をそのための手段として願うのであれば、それが利他行をなすために役立つわけですから、何も問題はないと思います。

密教（タントラ）の儀式のなかで、菩提心を生起したうえで長寿を得たり、富や財産を得たり、権力を得たりすることを願うのは、それらが利他行をなすために必要な条件となるからなのです。しかし、もし利他行をなすためにではなく、そういう目的とはまったく無関係にただ自分のために長寿を祈願してそれを得たとしても、それは仏教の修行とはなりません。

利他をなそうという願いをもたず、ただ自分の今世における幸せと繁栄だけを望み、

「長寿を得られますように、富や財産を得られますように」と祈ってそれらを得たとしても、それは仏教の修行とは言えません。その祈願は自分のための現世利益を求めているだけだからです。

仏教の修行であれば、一切智の境地、あるいは解脱を得ることを目的としていなければなりません。もし、このどちらも望まず、ただ現世利益を得ることだけを考えて長寿や繁栄、権力を得ることを望み、そのためにマントラを唱えたり、儀式を執り行なったり、お経を読んだりしても、それは仏教の修行ではありません。

十九世紀のゲルック派の最後の賢者であったクンタン・ジャンペルヤンが次のように述べています。

「世間では、密教の儀式を目先の障りを取り除くために使ったりしている。病気になったから、あるいは悪い夢を見たから法要を行なわなければならない、などと世間ではよく言うけれど、菩提心などのよい心の動機ももたず、現世利益のみを求めて、密教の儀式を目先の目的を達成するために使うことは間違いである。長寿や財、権力などを得るために法要を行なったりして、その結果三悪趣に堕《お》ちないように注意しなければならない」

三悪趣に堕ち、不幸な再生を得るというのは、非常に悪い行ないをした結果です。悪趣に堕ちる因は、不徳の悪い行ない以外にはありません。

ですから、利他をなそうという思いや、解脱を得ようという正しい目的なしに、今世における幸せや繁栄のみを求め、長寿や財産、権力、他の人を陥れようと望むことなどは、たとえ名目が大乗仏教や密教の無上ヨガタントラの儀式であったり、持金剛を礼拝していたりしても、その心の動機が劣ったものでしかないため、その修行の結果、三悪趣に堕ちてしまう、と言われているのです。

これは、大変よい戒めだと思います。正直に言うと、このようなことはじつによくあることなのです。

仏教の修行という名目のもとに、現世利益を求める目的でこのような儀式や法要を利用することは間違ったことなのです。間違った修行によって三悪趣に堕ちたりすると、大きな不徳を積むことになってしまいますので、このようなことのないように十分気をつけなければなりません。

質問5：ものを片づけるときや、いろいろな用事をするときに、ときどき私は怒りながらするのです。怒りながらすると、けっこうパワフルに早くすませることができるからです。怒りはすべての善根を破壊すると言われているので、怒りながら何かをやるというのは後ろめたい気がするのですが、これは許されることなのでしょうか？

ダライ・ラマ：あなたの言うことはたぶん本当だろうと思います。生物学的に見れば、怒りが生じたときは、確かに新たなエネルギーが湧《わ》いてきたり、力が出たりするのではないでしょうか。

しかし、怒りが生じると、もののありようを冷静な目で見て正しい判断をすることができなくなってしまいます。これは怒りだけに限らず、煩悩すべてに共通した悪い点です。たとえば執着、嫉妬《しっと》心、プライドなどが強く心に起きてくると、心がかき乱されてしまい、物事を冷静に見ることができなくなってしまいますね。

一方では、怒りの力を利用すると、自分を守ったり、新たなエネルギーや力を得たりすることができるのも事実でしょう。しかし、いったん怒りが生じると、対象物のありようを分析してそれを正しく見極める能力が妨げられ、知性が働かなくなってしまうため、怒りは悪いものだとされているのです。

このような理由から、波羅蜜乗《はらみつじょう》においては、怒りや欲望を修行の道に使うようなことはどこにも説かれていませんが、金剛乗《こんごうじょう》の教えのなかには怒りがよく出てきますし、怒りを修行に用いることがあるのです。

これはたぶん、怒りによって得られるエネルギーや力の部分だけを利用して、怒りのもたらす無明《むみょう》の部分には影響されないようにする、というような修行の道を、タントラは模索しているのではないでしょうか。

たとえば、男女関係に関する特別な欲望の力だけを取り入れて、正しい判断を見失ってしまうという欲望のもたらす無明の部分には影響されないようにする、というように、自分にとって役に立つ部分だけを利用するわけですが、実際にそのようにうまくいくかどうかが問題ですね。

しかし、無知を修行に取り入れるということは絶対にありません。なぜなら、無知はすべてのもののありようを誤ってとらえている間違った心だからです。もちろん怒りや執着も間違った心ですし、煩悩はみな間違った心ですが、何を育み、何を滅するべきかという正しい取捨の判断に関して間違ったとらえ方をしているわけではありません。しかし、無知は正しい取捨の判断を間違ってとらえている心なので、これを修行に取り入れるなどということは決してありません。

ですから、怒りのすべてを取り入れるのではなく、怒りによって生じる新たなエネルギーと力だけを利用して、怒りによって生じる無明の部分は、空の見解や、怒りと逆の機能をもつ心の力を対策として用いることによって阻止する、というようなことが可能なのかどうか、探究の余地があるのではないでしょうか。

もしそれが可能であるならば、何かをやり遂げようとしているとき、ちょっと心を怒らせて、それによって生じたエネルギーだけを仕事の原動力として使い、一方では、怒りによって心がかき乱されることはないようにする、ということができるのかどうか試してみるべきでしょう。

しかし、怒りの心が長く維持され、強まったときに生じる憎しみや憎悪は大変悪い心であり、必ず悪い結果を引き起こすことになるので、決してそういう心は起こさないようにすることが大切ですが、はたしてそのようなことができるかどうか、よく考えてみるべきだと思います。

質問6：怒りや執着の気持ちをなくすように努力していると、たとえば大切な人が亡くなって悲しんでいる人を見ても、「それは執着だから悲しまないほうがいいのだ」とすぐにそのように思ってしまったなら、それは人間として非常に冷たいドライな感情だと思うのです。本来は、怒りや執着、悲しみなどにとらわれないことによって、人は向上していくものだと思いますが、一方では、人間としての感情を失い、無味乾燥で冷たい人間になってしまうような錯覚を覚えることがあるのですが、どのように考えればいいのでしょうか？

ダライ・ラマ：欲望と執着という二つの言葉がありますが、その二つをはっきりと区別することが必要ですし、執着と愛情という二つの感情も、はっきり区別しなければなりません。

愛情とは偏りのないものですが、執着は偏った見方をする心です。

たとえば、もし自分の好きな人や身近な人に何かひどいことが起きてしまったとき、自分も心を痛めて、それを悲しんだり心配したりしますね。しかしそれが、「ああ、私のとても大切な人がこんなひどい目にあってしまった」という気持ちからであれば、その心には執着が混じっています。

しかし、誰かが苦しんでいるのを見て、その人が苦しみを望まず、幸せを求めているのにもかかわらずそのような状況に陥ってしまったことを理由に心を痛めるのは、愛情だと言えるでしょう。

このように、他者の苦しみを見て悲しんだり心を痛めたりするのは同じでも、一方は主に自分の側からの理由であり、もう一方は主に相手のことを思いやってのことなのです。

菩提心を育むために、「因と果の七つの教え」という修行があり、最終的な結果として菩提心を起こすための因となる七つの段階が説かれています。

1. すべての有情《うじょう》を母と認識する

2. 有情に受けたはかり知れない恩に気づく

3. その恩に報いようとする心を養う

4. 親愛なる心からの愛情

5. 憐《あわ》れみの心（慈悲の心）

6. すぐれた利他の心

7. 菩提心

この教えに従って心を訓練していくとき、最初の三つの段階は、すべての有情たちを自分にとって身近な、いとおしい存在として認識することによって、愛を育むための修行となっています。これによって、親愛なる心からの愛情を育み、慈悲の心を育てるのです。

しかし、これらの気持ちを偏りなくすべての有情たちに対してもつことができるようにするためには、まずはじめに、平等心を育む修行をすることが必要です。

普通、私たちは、自分に身近ないとおしいものたちに執着し、自分にとって好ましくない人たちを嫌悪し、そのどちらでもないニュートラルな関係にある人たちは無視する、というような偏った気持ちをもっていますが、これらの偏見をすべてなくさなければなりません。

それにはまず、身近でいとおしい人たちに対する執着をなくし、その次に、すべての有情を自分にとって身近ないとおしい存在であるとみなします。すべての有情が自分にとって身近で大切な存在だと認識するためには、「因と果の七つの教え」の最初の三つの修行をします。そうすると、すべての有情たちに対する親愛なる愛情が湧いてくるはずです。

私たちのような凡人は、自分を助けてくれる人を友人と呼び、自分に害を与える人を敵とみなし、そのどちらでもない人たちはニュートラルな関係にある、というようにすべての人たちを三つのタイプに分けてとらえているのが普通です。

しかし、この三つのタイプの人たちのすべてに対して平等な心を養うことによって、すべての有情を親愛なる身近な存在として感じ、すべての有情に対する心からの愛情を育てていくことができるのです。

このように、執着や欲望などの偏った愛情をなくし、誰に対しても平等な心をもつことによって、すべての有情に偏りのない愛情を育んでいかなければなりません。

訳者あとがき

本書には、二〇〇五年四月にダライ・ラマ法王が来日された折に行なわれた、東京の両国国技館における「思いやりと人間関係」、金沢の佛性會における「〝空〟を理解する心」という二つの講演と、その際の質疑応答が収録されている。この二つの講演は、それぞれ世俗の世界と宗教の世界に関するものであり、猊下《げいか》は難解な仏の教えを説くだけでなく、この二つの世界の架け橋となって、個人の心の平和と世界の平和を達成するために、その生涯を捧《ささ》げておられる。

「思いやり」とは、難しい仏教の話ではなく、私たちのような凡人の一人ひとりが、一つひとつの日常の出来事を喜び、悲しみ、悩みつつ過ごしている毎日の暮らしに関わるものである。

そして、日常生活におけるそういった心の痛みをどうやって和らげ、安らかな心を得ることができるのか、という問いに対する答えなのであり、家庭でも、学校でも、職場でも、そして子供でも、大人でも、老人でも、誰もが共通してもっている悩みに対する答えとなっている。

利己主義に偏りがちな現代の世の中で、相手に対する思いやりをほんの少しでももつことのできる心のゆとりがあれば、そういった心の痛みは和らいでいくのだということを私たちは忘れている。

他の人のことを思いやり、やさしく接するということ。言葉で言えば子供でも理解できることなのに、それを実行することは、人生経験豊かな大人でも難しい。私たちはみな、エゴや固定観念にとらわれていて、それがよき感性の働きを邪魔しているからなのだ。

他者に対する思いやりとは、他者の存在を敬うことである。他者をいたわり、思いやりをもつことで、自分自身が平穏な気持ちになれるのだから、自分自身の幸せは、やさしさと思いやりを日常のなかで実践しているかどうかにかかっている。

猊下に接するとき、その存在そのものからあふれ出してくるあたたかさを私たちは感じる。それは、何十年もかけて菩提心《ぼだいしん》という他者への思いに瞑想《めいそう》してこられた猊下のお心そのものなのだ。

猊下は、誰に対しても陰日なたなく誠実でやさしく、何をされていても無理なく安らいでおられる。私たちには信じがたいようなびっしり詰まったスケジュールに常に忙殺されているにもかかわらず、その一瞬一瞬を、自然体で、ゆったりと、やさしく生きておられるのを感じることができるのだ。

それがとても心地よく、対峙《たいじ》する者の心をあたたかく包んでしまうのは、猊下の存在が他者への愛と思いやりに根ざしているからなのだろう。謁見《えっけん》に訪れる人々が、緊張の面持ちでかしこまって挨拶《あいさつ》するのを「まあまあ……」と制し、こぼれる笑顔で迎え入れる猊下は、そのときすでに、相手をそのやさしさのなかにすっぽりと包み込んでいるのだ。

猊下の生き方は、大乗仏教の教えである空と菩提心そのものである。空は一切のとらわれを滅し、菩提心は他者への思いやりを育てる。気さくな態度のなかに見え隠れする猊下の人間的魅力は、その魂を捧げた菩薩《ぼさつ》の生き方そのものにあるのではないだろうか。

最後に、本書の出版にあたってお世話になったダライ・ラマ法王日本代表部事務所のチョペ・ペルジョル・ツェリン代表、文化広報担当のルントック氏、佛性會代表の馬場和代氏、そして編集作業を担当してくださったサンマーク出版の鈴木七沖氏に、心より厚く御礼申し上げます。

二〇〇六年七月十一日

ダラムサラにて　　マリア・リンチェン

ブックデザイン　関宙明（ミスター・ユニバース）

写　真　坂田栄一郎（帯・口絵　人物）
雪田幸子（口絵　蓮）
梶井照陰（P41〜P48）
松本栄一（P81〜P88）
川島敏生（カバー袖）

協　力　金原良明
藤井曜子
松前憲子
鈴木須美子
草場一壽
久保隆

制作協力　ダライ・ラマ法王日本代表部事務所
〒一六〇―〇〇二二
東京都新宿区新宿五―一一―三〇
第五葉山ビル五階
電話　〇三―三三五三―四〇九四
http://www.tibethouse.jp

［著者］ダライ・ラマ14世　テンジン・ギャツォ

1935年7月6日、チベット東北部アムド地方（現・中国青海省）生まれ。2歳で13世の転生者と認められ、5歳でダライ・ラマ法王14世に即位。1949年、中国のチベット侵略に伴い、15歳で政治・宗教の最高指導者となる。1959年にインドへ亡命。北インドの「ダラムサラ」にチベット亡命政府を樹立。以来、世界各地で慈悲と非暴力の教えを説きつづけている。平和への貢献が認められ、1989年にノーベル平和賞を受賞。『ダライ・ラマ自伝』（文春文庫）、『チベットわが祖国』（中央公論新社）、『ダライ・ラマ 般若心経入門』（春秋社）など、仏教法話集が多数出版されている。

［訳者］マリア・リンチェン

高知県生まれ。早稲田大学理工学部建築学科卒業。一級建築士。大学卒業後インド各地を旅し、1985年よりダラムサラ在住。チベット亡命政府の依頼によりチベットの伝統文化継承の拠点となるノルブリンカ・インスティテュートの設計・建築を担当し、同時にゲシェ・ソナム・リンチェン師に師事して仏教哲学を学ぶ。ダライ・ラマ法王をはじめとする高僧の講義の通訳を務め、2000年より法王来日時の通訳も担当する。訳書に『ダライ・ラマ 智慧と慈悲』『ダライ・ラマ〈心〉の修行』『ダライ・ラマ 慈悲の力』（以上春秋社）がある。日本名・鴨居真理。

思いやり

二〇〇六年九月三十日　初版発行
二〇〇七年三月　一日　第二刷発行

著者　ダライ・ラマ14世
テンジン・ギャツォ
訳者　マリア・リンチェン
発行人　植木宣隆
発行所　株式会社サンマーク出版
〒一六九―〇〇七五
東京都新宿区高田馬場二―一六―一一
電話　〇三―五二七二―三一六六
印刷　図書印刷株式会社
製本　株式会社若林製本工場

定価はカバー、帯に表示してあります。
落丁、乱丁本はお取り替えいたします。
ISBN4-7631-9721-5 C0095
ホームページ　http://www.sunmark.co.jp
携帯サイト　http://www.sunmark.jp